Liebe Leserin, lieber Leser!

Was ist entspannender, als gemütlich auf dem Balkon, der Terrasse oder auch im Garten zu sitzen, dem Gesang der Vögel zu lauschen und zarte Schmetterlinge bei ihrem Flug zu beobachten? Die in diesem Band versammelten Tontopf-Figuren lassen sich als liebenswerte Deko-Objekte für Balkon und Garten einsetzen. Lassen Sie sich bezaubern von kleinen und großen Elfen, bunten Schmetterlingen, herzigen Blumenkindern, lustigen Vögelchen oder auch dem fleißigen Zwerg Gustav, der im Garten nach dem Rechten sieht!
Und natürlich soll auch das Nützliche nicht zu kurz kommen: So tragen der fröhliche Kressefrosch und die tollen Kräutermännchen Schmackhaftes und Vitaminreiches gleich griffbereit auf ihren Köpfen.

Viel Spaß beim Basteln … ünscht Ihnen

Ihre

Petra Bauberger

Inhaltsverzeichnis

4 Alles über Tontöpfe

6 Grundkurs Standfigur mit Tontopf-Armen

7 Grundkurs Tontopf-Mini mit Armen

8 Kleine Zaungäste

10 Blumenkinder

12 Kükenrennen auf schnellen Flitzern

14 Kleine Kerlchen riesengroß

16 Hahn im Korb

18 Zarte Besucher

20 Freundlicher Oscar

22 Fit mit Frosch Ferdinand

24 Gartenzwerg Gustav

26 Die Königin der Elfen

28 Lustige Kräuterköpfchen

30 Niedliches Elfenduo

Decormatt
mat
mate
Marabu
Bastelfarbe
Decormatt
mat
mate
Marabu
Bastelfarbe

Alles über Tontöpfe

- **Ton- oder Terrakottatöpfe** (ital. Terracotta = gebrannter Ton) gibt es in den verschiedensten Größen und Formen. Diese verschiedenen Arten von Tontöpfen erhalten Sie in Bastelgeschäften, in gut sortierten Baumärkten oder in Blumengeschäften. Hier finden Sie auch Keramiktöpfe, also gebrannte und glasierte Tontöpfe.

Tontöpfe sind als herkömmliche Blumentöpfe erhältlich, aber auch als schlanke, hohe Rosentöpfe, Halbtöpfe, bauchige Glockentöpfe, flache Untersetzer, spitz zulaufende oder kugelförmige Töpfe.

Mit den Blumen-, Rosen- und Glockentöpfen werden gerne die Körper der Tontopf-Figuren gebastelt. Halbtöpfe lassen sich zum Beispiel für Gesichter oder Arme verwenden. Untersetzer eignen sich für die Gestaltung von Kragen, Gesichtern, Pflanz- oder Trinkschalen. Die spitz zulaufenden Töpfe sehen als Schnäbel oder Hüte lustig aus. Kugelförmige Töpfe sind für Köpfe zu empfehlen.

Besonders beliebt sind Mini-Tontöpfchen. Diese sind sehr vielfältig einsetzbar und können für Körper, Arme, Beine, Ohren oder Nasen verwendet werden.

Für das Basteln von Tontopf-Figuren benötigen Sie neben den Tontöpfen folgende Materialien und Werkzeuge:

- Zum Verkleben der Tontöpfe miteinander und mit anderen Materialien sind **Kraft-** oder **Alleskleber**, **Silikonkleber**, **Montage-Acrylkleber**, **Holzleim** und **Heißkleber** geeignet. Überquellender Klebstoff lässt sich gut mit einem Wattestäbchen entfernen.
- Zu den notwendigen Hilfsmitteln gehören **Schere**, einfaches oder doppelseitiges **Klebeband**, **Nadeln** und **Holzstäbchen**.

Als Köpfe, Nasen oder Hände eignen sich am besten Holz- und Styroporkugeln in verschiedenen Größen.

- Zum Verbinden der Arme und Beine mit dem Körper bietet sich **Bast** oder **Paketschnur** an. Mit Bast, den man in verschiedenen Farben kaufen kann, lassen sich auch Haare gut gestalten.
- Für Haare eignen sich außerdem **Hanf**, **Langhaar-Plüsch** oder **Engelshaar**.
- Mit Stoffresten, Draht, Filz, Perlen, Bändern, Knöpfen, Federn, Pappkarton, Moosgummi, Rupfen, Pfeifenputzern und künstlichen oder echten Blumen kann man die Figuren wunderbar verschönern.
- **Schleifen**, **Bänder** oder Ähnliches eignen sich zum Verdecken von unschönen Verbindungsstellen der Tontöpfe oder von Übergängen.
- Zum Bemalen der Tontöpfe bieten sich **Bastelfarben**, **Acrylfarben**, spezielle **Terrakottastifte** oder **Dekomarker** an. Beim Bemalen ist darauf zu achten, dass die Farbe mindestens zweimal aufgetragen werden muss, damit sie deckt.

Tipp: *Um den Tontöpfen nach dem Bemalen eine glänzende Oberfläche zu verleihen und um sie zusätzlich noch witterungsbeständiger zu machen, empfiehlt sich ein Überzug mit* **Marabu-Tontopflack**. *Tontopf-Figuren, die bepflanzt werden sollen, werden durch die Lackierung von innen resistenter gegen Feuchtigkeit.*

Große Tontopf-Übersicht

Arten	Bezeichnungen	Größen	Eignung
	Blumentopf	8 – 23 cm Ø	geeignet für Körper, Kopf, Hut, Klangspiel
	Rosentopf	7 – 22 cm Ø	geeignet für Körper
	runder Wandtopf	3 – 11 cm Ø	geeignet für Gesicht, Arme, Körper
	Glockentopf	9 – 17 cm Ø	geeignet für Körper, Klangspiel
	Untersetzer	6 – 21 cm Ø	geeignet für Kragen, Gesicht, Pflanz- und Trinkschalen
	spitzer Wandtopf	12 – 17 cm Ø	geeignet für Schnabel, Hut
	kugelförmiger Topf	5,5 cm Ø	geeignet für Köpfe
	Minitopf	1,5 – 6 cm Ø	geeignet für Körper, Arme, Beine, Ohren, Nasen

Standfigur mit Tontopf-Armen

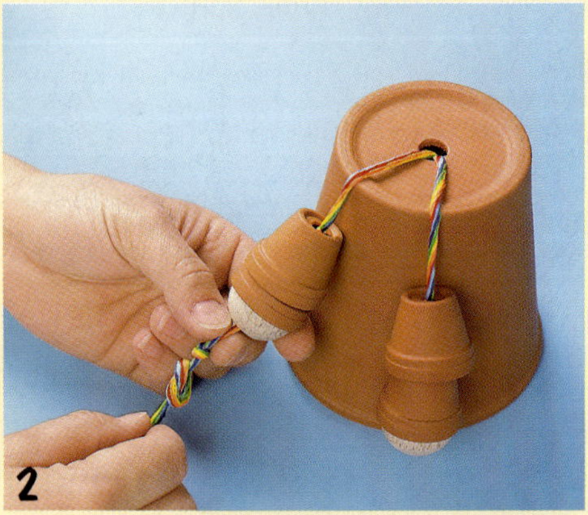

Grundmaterial:

- *1 Rosentopf, Ø 11,5 cm*
- *1 Rosentopf, Ø 8 cm*
- *1 Tontopf, Ø 4,7 cm*
- *4 Tontöpfe, Ø 3,5 cm*
- *2 Holzkugeln, Ø 30 mm*
- *60 cm Buntkordel, Schaschlikspieß*
- *Schere*
- *Kraftkleber*

1. Kürzen Sie den Schaschlikspieß so, dass seine Länge dem inneren Bodendurchmesser des größeren Rosentopfes entspricht. Knoten Sie die Kordel dann mittig an das gekürzte Hölzchen. Drücken Sie nun das Hölzchen durch die Topföffnung und stellen Sie es innen, am Boden des Topfes, so quer, dass es fest „sitzt". Die beiden Enden der Kordel für die Arme werden nicht mit durch das Bodenloch geführt.

2. Fädeln Sie nun für die Arme das erste Töpfchen auf eines der Kordelenden auf und sichern Sie es mit einem oder zwei dicken Knoten. Dann ein zweites Töpfchen und die Holzkugel auffädeln und beides ebenfalls mit einem dicken Knoten sichern. Den zweiten Arm genauso herstellen. Zum Schluss die Kordel kürzen.

3. Kleben Sie für die Mütze den kleinen Rosentopf und den mittleren Tontopf aufeinander und fixieren Sie diese auf dem Rosentopf. Bemalen und gestalten Sie anschließend die Zwergenfigur fertig aus.

Tontopf-Mini mit Armen

Grundmaterial:

- *1 Tontopf*
- *1 einseitig gebohrte Holzkugel*
- *Schaschlikspieß*
- *Geschenkband, 3 mm breit*
- *Sticknadel*
- *Holzperlen für die Hände*
- *Schere*
- *Kraftkleber*

1. Den Schaschlikspieß auf den Durchmesser des Topfbodens kürzen. Das Geschenkband auf eine Länge von ca. 30 cm zuschneiden und in die Mitte des Hölzchens knoten. Die Bänder durch den Topfrumpf nach außen führen und das Hölzchen im Rumpf festklemmen.

2. Das Geschenkband auf eine Sticknadel mit großer Öse fädeln und auf jede Seite eine Perle als Hand aufziehen. Die Holzperlen mit einem Knoten sichern. Dazu die Schlaufe mit einem Zahnstocher in die richtige Position schieben und den Knoten vorsichtig anziehen. Die Bandenden abschneiden.

3. Die zuvor grundierte und gestaltete Holz- oder Wattekugel mit Kraftkleber als Kopf auf den Boden des Tontopfes kleben.

Tipp: *Beim Kleben darauf achten, dass nicht zuviel Klebstoff aufgetragen wird, der beim Andrücken der Kugel seitlich herausquellen würde.*

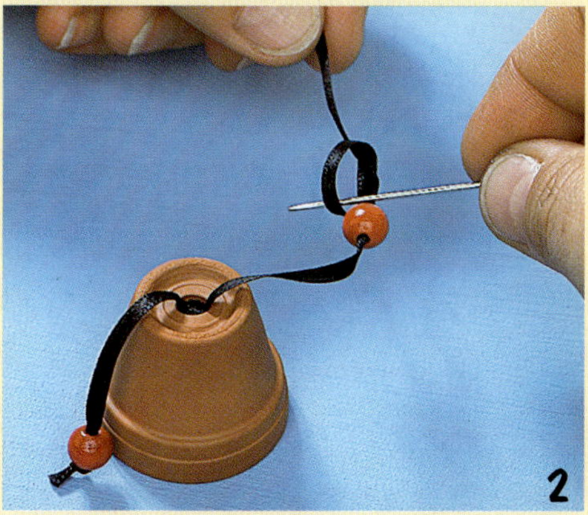

Kleine Zaungäste

1. Für den Zaun die Holzlatten mit der Säge auf eine Länge von 13 cm kürzen. Fünf Latten mit einem Abstand von 13 mm nebeneinander legen. Nun zwei Latten mit einem Abstand von etwa 4,5 cm waagrecht darauf kleben. Den Rundholzstab zum Einstecken in den Blumenkasten senkrecht hinter die mittlere Holzlatte kleben. Nach dem Trocknen des Klebers den Zaun mit Blau bemalen und trocknen lassen.

2. Für die Vögel die Holzkugeln auf Pinselstiele stecken. Hautfarbe und Braun zu einem Terrakottaton mischen und die Köpfe damit bemalen. Trocknen lassen.

3. Den Rundholzstab mit dem Spitzer anspitzen. Die Spitze absägen und als Schnabel auf die Kugel kleben. Den Schnabel mit Gelb bemalen. Als Augen die Indianerperlen aufkleben.

4. Die Flügel-Vorlage vom Vorlagenbogen auf Tonkarton übertragen und ausschneiden. Diese Schablone auf Filz oder Moosgummi legen und mit einem weichen Bleistift umfahren. Auf diese Weise für jeden Zaungast zwei Flügel herstellen und seitlich an den Tontopf-Körper kleben.

5. Von einem Stück Juteband einzelne Fäden herausziehen. Die Fäden bündeln, mit Draht abbinden und in die Kugelöffnungen stecken. Die fertigen Köpfe auf die Tontöpfe kleben.

6. Das Steckmoos für die Töpfe passend zuschneiden und in die Töpfe stecken. Die Vögel auf den Zaun setzen.

Material

- *2 Tontöpfe, Ø 3,5 cm*
- *2 Holzkugeln mit Bohrung, Ø 25 mm*
- *7 Holzlatten in Natur, 15 x 2 cm*
- *Rundholzstab, Ø 5 mm, 20 cm lang*
- *Rundholzstab, Ø 4 mm*
- *Indianerperlen in Schwarz*

- *Marabu-Decormatt Bastelfarbe in Azurblau, Hautfarbe, Braun und Gelb*
- *Bastelfilz oder Moosgummi in Ocker und Dunkelbraun*
- *Tonkarton in beliebiger Farbe*
- *Juteband in Natur*
- *Dünner Basteldraht, Kraftkleber*
- *Steckmoos*
- *Schere, weicher Bleistift, Pinsel*
- *Kleine Säge, Bleistiftanspitzer*

Vorlage 1

Blumenkinder

1. Bemalen Sie die Töpfe flächig mit Orange, Rosa und Pink und lassen Sie alles gut trocknen. Stecken Sie dann die Holzkugeln auf Pinselstiele und bemalen Sie sie hautfarben.

2. Sobald alles gut trocken ist, kleben Sie die mittelgroßen Holzperlen als Nasen auf die Kugeln und verschließen die Kugelöffnungen mit einem Klecks Klebstoff. Bemalen Sie die Nasen anschließend mit Pink. Setzen Sie mit der in schwarze Farbe getauchten Zahnstocherspitze vorsichtig die Augen auf.

3. Kleben Sie zuerst die großen Holzblüten auf die Topfböden und danach die Holzkugel-Köpfe auf die Blüten. Anschließend fixieren Sie dann die kleinen Blüten als Hütchen auf den Köpfen.

4. Fädeln Sie die größere Holzperle auf, schieben Sie sie in die Mitte des Garns und verknoten Sie dieses fest über der Perle. Nehmen Sie die beiden Garnenden doppelt und ziehen Sie sie mit der Sticknadel von unten durch den Topfrumpf nach oben bis durch die Kopf-Holzkugel. Fädeln Sie die kleine Perle auf und verknoten Sie das Garn zu einer Aufhängeschlaufe.

Tipp: *Als Gruppe wirken die Blumenkinder am schönsten. Achten Sie deshalb bei Ihrer Dekoration darauf, dass der Abstand zwischen den niedlichen Figuren nicht zu groß ist.*

Material

- *3 Tontöpfe, Ø 4,7 cm*
- *3 Holzkugeln, Ø 30 mm*
- *Je 3 bunte Holzblüten, Ø 40 mm (Ø innen 17 mm) und Ø 30 mm (Ø innen 12 mm)*

- Je 3 Holzperlen, Ø 12 mm, Ø 8 mm und Ø 6 mm
- Marabu-Decormatt Bastelfarbe in Orange, Purpurrosa, Pink, Hautfarbe und Schwarz
- Stickgarn in Gelb
- Pinsel, Schere
- Kraftkleber

Kükenrennen auf schnellen Flitzern

1. Kleben Sie die Holzkugeln auf die Töpfe und bemalen Sie die Figuren mit Gelb. Lassen Sie anschließend alles gut trocknen. Bemalen Sie dann ein Brettchen mit Rot und eines mit Blau. Die Räder bekommen einen grünen bzw. roten Anstrich. Zum Schluss alles trocknen lassen.

2. Kürzen Sie pro Wagen zwei Stücke vom Schaschlikspieß auf eine Länge von 5,3 cm. Kleben Sie die Hölzchen so auf die Unterseite der Brettchen, dass 1 cm Abstand zu den schmalen Seitenkanten bleibt.

3. Lassen Sie den Klebstoff trocknen und kleben Sie dann die Räder auf die vier seitlich herausragenden Hölzchen. Bohren Sie mit einem Nagelbohrer je ein kleines Loch in die Schmalkanten der Brettchen und drehen Sie die Ringösen ein.

4. Übertragen Sie die Vorlagen für Schnabel, Flügel und Füße auf orangefarbenen und gelben Tonkarton und schneiden die Motivteile sorgfältig aus.

5. Falzen und knicken Sie mit der Scherenspitze den Schnabel in der Mitte, die Flügel an den Klebelaschen.

6. Kleben Sie den Schnabel auf den Kopf. Setzen Sie mit der in schwarze Farbe getauchten Schaschlikspießspitze vorsichtig die Augen auf. Kleben Sie die Flügel seitlich und die Füße vorne auf die Töpfe. Fixieren Sie dann die Figuren auf den Holzbrettchen.

7. Schneiden Sie pro Wagen ein beliebig langes Stück von der roten Kordel zu. Knoten Sie ein Kordelende an die Ringöse. Fixieren Sie das andere Kordelende mit Hilfe der Scherenspitze und einem winzigen Klecks Klebstoff in der Öffnung der Holzperle.

Material

- *2 Tontöpfe, Ø 3,5 cm*
- *2 Holzkugeln, Ø 25 mm*
- *2 Holzbrettchen, 4 x 6 cm und 5 mm stark*
- *8 Holzräder, Ø 20 mm, 6 mm stark*
- *Marabu-Decormatt Bastelfarbe in Mittelgelb, Scharlachrot, Azurblau, Hellgrün und Schwarz*
- *Tonkarton in Gelb und Orange*
- *Seidenkordel in Rot*
- *2 Holzperlen in Gelb, Ø 12 mm*
- *Schaschlikspieße*
- *Nagelbohrer*
- *2 Ringschrauben in Silber, Ø 7 mm, 15 mm lang*
- *Kleine, spitze Schere*
- *Kraftkleber, Pinsel*

Vorlage 2

Kleine Kerlchen riesengroß

1. Die Ränder der Töpfchen mit Orange und Pink bemalen. Die Punkte mit der Spitze eines Wattestäbchens aufdrucken.

2. Die Holzkugeln zur leichteren Bearbeitung auf Pinselstiele stecken. Für die Schnäbel den Rundholzstab mit dem Spitzer anspitzen und die so entstandene Schnabelspitze absägen. Die Schnäbel mit Kraftkleber auf die Kugeln kleben.

3. Die Köpfe mit Orange, die Schnäbel mit Gelb bemalen. Die Augen mit einer Zahnstocherspitze in Schwarz aufsetzen. Nach dem Trocknen die fertigen Köpfe mit Kraftkleber auf die Töpfe kleben.

4. Für die Beine von dem Rundholzstab vier Stäbe von jeweils 7 cm Länge absägen. Die Stäbe jeweils an einer Seite anspitzen und mit Kleber in die Bohrungslöcher der Füße stecken.

5. Die Beine und Füße mit Gelb und Orange bemalen. Die Farbe gut trocknen lassen.

6. Aus Steckmoos zwei passende Stücke zuschneiden und mit Montagekleber in die Töpfe kleben. Die Beine in das Moos stecken und ausrichten. Die Beine wieder herausziehen, mit Kraftkleber bestreichen und im Steckmoos fixieren.

7. Die Flügelvorlage von Modell 1 auf Tonkarton übertragen. Diese Schablone auf Filz legen, mit einem weichen Bleistift umfahren und ausschneiden. Die Filzflügel auf die Töpfe kleben.

8. Zum Schluss die Marabufedern auf die benötigte Länge kürzen und mit etwas Kleber auf die Köpfe kleben.

Tipp: *Die Stelzen-Vögelchen machen auch als Platzanweiser beim nächsten Fest eine gute Figur. Hängen Sie ihnen dazu einfach kleine Namensschilder aus Tonpapier um den Hals.*

Material

- *2 Tontöpfe, Ø 3,5 cm*
- *2 Holzkugeln, Ø 25 mm*
- *4 ovale Holzfüße, 25 mm lang, mit Bohrung*
- *Rundholzstab, Ø 4 mm*
- *Marabu-Decormatt Bastelfarbe in Gelb, Orange, Pink und Schwarz*
- *Pinsel*
- *Bastelfilz in Orange und Pink*
- *Marabufedern in Pink und Gelb*
- *Wattestäbchen, Steckmoos*
- *Schere, weicher Bleistift*
- *Kleine Säge, Bleistiftanspitzer*
- *Kraftkleber, Montagekleber*

Vorlage 1

Hahn im Korb

1. Den Untersetzer in Scharlachrot, den Glockentopf mit Gelbgrün bemalen und trocknen lassen.

2. Kamm, Kinnbart und Flügel vom Vorlagenbogen auf Tonkarton übertragen und ausschneiden.

3. Diese Schablonen auf blauen bzw. roten Filz legen und die Umrisse mit einem weichen Bleistift umfahren. Alle Teile ausschneiden, dabei für den Kamm die Zickzackschere benutzen.

4. Die Flügel auf den Rand des Glockentopfes und den Untersetzer auf die Flügel kleben. Den kleinen Tontopf aufkleben.

5. Den Kamm fächerartig falten, im unteren Drittel mit Basteldraht straff abbinden und in das Topfloch stecken. Den Kinnbart aufkleben.

6. Den Schnabel auf gelben Tonkarton übertragen und ausschneiden. Die gestrichelten Linien am Lineal entlang mit der Scherenspitze anritzen. Den Schnabel knicken, die Klebelaschen dünn mit Kleber bestreichen und auf den Topf kleben. Die Wackelaugen anbringen.

7. Eine Feder kürzen und diese auf den Kopf kleben. Die Schwanzfedern lang belassen und von hinten gegen den Glockentopf kleben.

Tipp: *Besonders gut kommt der Hahn mit dem richtigen Zubehör zur Geltung. Suchen Sie dazu einen in der Größe passenden Korb, füllen Sie ihn mit Ostergras und setzen Sie den Hahn hinein. Oder Sie füllen einen großen Tontopfuntersetzer mit Moos und bereiten dem Hahn auf diese Weise ein gemütliches Nest. So wird aus dem bunten Hahn eine schöne Dekoration für den Ostertisch.*

Material

- *1 Glockentontopf, Ø 9 cm*
- *1 Tontopfuntersetzer, Ø 9 cm*
- *1 Tontopf, Ø 5,5 cm*
- *Marabu-Decormatt Bastelfarbe in Scharlachrot und Gelbgrün*
- *Bastelfilz in Rot und Blau*
- *Tonkarton in Gelb*
- *Marabufedern in Gelb und Rot*
- *2 Wackelaugen, Ø 7 mm*
- *Dünner Basteldraht, Kraftkleber*
- *Weicher Bleistift, Pinsel*
- *Lineal, Schere, Zickzackschere*

Vorlage 3

Zarte Besucher

1. Bemalen Sie je ein Töpfchen mit Gelb, mit Orange und mit Pink und lassen Sie alles gut trocknen. Dann stecken Sie die Holzkugeln auf Pinselstiele, bemalen sie hautfarben und lassen sie ebenfalls trocknen. Zum Schluss kleben Sie die Kugeln als Köpfe auf die Töpfchen.

2. Schlagen Sie für die Fühler die kleinen Nägel vorsichtig in die Holzkugeln. Setzen Sie dann die Holzperlen mit einem winzigen Klecks Klebstoff als Nasen auf die Köpfe und verschließen Sie das Loch der Perlen mit einem weiteren Klecks Klebstoff. Anschließend malen Sie die Nasen mit Pink an.

3. Setzen Sie für die Augen mit der Zahnstocherspitze kleine Punkte in Schwarz auf. „Stempeln" Sie mit dem Wattestäbchen, das Sie in Pink getaucht haben, die Bäckchen auf. Bündeln Sie für die Haare ein paar Kokosfasern und binden Sie sie im unteren Drittel mit dem Draht straff ab. Kleben Sie die Haare in die Kugellöcher.

4. Legen Sie das Transparentpapier auf die Vorlage für die Flügel und fahren Sie die Konturen mit einem Bleistift nach. Schneiden Sie die Flügel aus und knicken Sie sie an der gestrichelten Linie ab. Kleben Sie die Flügel zum Schluss seitlich auf die Töpfe.

5. Sägen Sie vom Rundholzstab drei ca. 24 cm lange Stücke ab. Schieben Sie die Stäbe von unten durch Topfrumpf und Kugel bis zu den Haaren und fixieren Sie sie dort mit Klebstoff.

Material

- *3 Tontöpfe, Ø 3,5 cm*
- *3 Holzkugeln, Ø 25 mm*
- *1 Rundholzstab, Ø 4 mm*
- *Marabu-Decormatt Bastelfarbe in Hautfarbe, Mittelgelb, Orange, Pink, Schwarz*

- 3 kleine Holzperlen
- Kokosfasern in Natur
- Primavera-Transparentpapier extra stark
- Pinsel
- Zahnstocher
- Wattestäbchen
- 6 kleine Nägel, ca. 7 mm lang
- Hammer, kleine Säge
- Kleine, spitze Schere
- Kraftkleber

Vorlage 4

Freundlicher Oscar

1. Die Styroporkugel an einer Seite mit dem Messer begradigen. Die Kugel so in den Tontopf kleben, dass die Schnittstelle nach oben zeigt. Nun den Gärtnertopf auf die Kugel und den Rand des Tontopfes kleben.

2. Den Spitztopf wie auf dem Foto zu sehen leicht abgewinkelt als Schnabel auf den Gärtnertopf kleben. Den Glockentopf-Hut wiederum leicht angewinkelt auf Schnabel und Gärtnertopf kleben. Den Kleber am besten über Nacht trocknen lassen.

3. Die Flügelteile vom Vorlagenbogen auf Tonkarton übertragen und ausschneiden. Diese Schablonen auf Moosgummi legen und die Konturen mit einem weichen Bleistift nachfahren.

4. Die Flügelteile mit der Zickzackschere ausschneiden. Die großen Flügel mit Heißkleber auf den Gärtnertopf kleben und mit den kleinen Flügeln ergänzen.

5. Ein Stück Juteband zwischen Schnabel und Gärtnertopf stecken. Die Blume aufkleben. Mehrere Bastfäden bündeln, mit Draht abbinden und mit Heißkleber im Topfloch fixieren.

6. Hinter die Wackelaugen ein paar Jutefasern als Wimpern kleben. Zuletzt die Augen mit Kraftkleber fixieren und die Nasenlöcher mit schwarzer Farbe aufsetzen.

Material

- *1 Tontopf, Ø 13 cm*
- *1 Gärtnertopf, Ø 13 cm*
- *1 Glockentopf, Ø 11 cm*
- *1 Spitztopf, 12,5 cm lang*
- *1 Styroporkugel, Ø 12 cm*
- *Moosgummi in zwei Orangetönen*
- *Juteband in Natur, 6 cm breit*
- *Naturbast in Gelb*
- *Kunstblümchen*
- *Dünner Basteldraht*
- *Marabu-Decormatt Bastelfarbe in Schwarz*
- *Ovale Wackelaugen, 10 mm lang*
- *Schere, Zickzackschere*
- *Messer, Pinsel*
- *Montagekleber, Klebepistole*

Vorlage 5

Fit mit Frosch Ferdinand

1. Malen Sie den Glockentopf satt mit Hellgrün an. Der Tontopfuntersetzer bekommt einen Anstrich in Pink. Während alles trocknet, begradigen Sie die Holzkugeln an der Seite ohne Bohrloch mit der Holzfeile, damit eine Klebefläche entsteht. Stecken Sie dann die Kugeln auf Pinselstiele, bemalen Sie sie mit Orange und lassen Sie sie ebenfalls gut trocknen.

2. Übertragen Sie die Vorlagen für Füße, Krone und Bäckchen auf Tonkarton und schneiden Sie sie aus. Legen Sie die so gefertigten Schablonen für Füße und Krone auf Moosgummi in den entsprechenden Farben, fahren die Konturen mit einem weichen Bleistift nach und schneiden die Formen aus. Kleben Sie die Füße unter den Glockentopf, den Zickzackstreifen für die Krone so exakt wie möglich um den oberen Rand des Untersetzers.

3. Kleben Sie nun die Holzkugeln mit der begradigten Fläche nach innen als Augen auf den Glockentopf. Füllen Sie die Bohrlöcher mit Klebstoff und lassen Sie ihn leicht antrocknen.

4. Stecken Sie dann die Reißnägel als Pupillen in den Klebstoff. Zeichnen Sie die Bäckchen mit Hilfe der Schablone und mit einem weichen Bleistift leicht auf dem Topf vor und malen Sie sie anschließend mit Pink aus.

5. Den Mund zeichnen Sie vorsichtig mit der Zahnstocherspitze, die Sie in schwarze Farbe getaucht haben, auf. Stanzen Sie nun mit der Lochzange zwei hellgrüne Moosgummipunkte aus und kleben Sie sie als Nasenlöcher auf das Froschgesicht. Zum Schutz vor Feuchtigkeit empfiehlt es sich, die gesamte Figur zum Schluss mit einer Schicht Tontopflack zu überziehen.

Tipp: *Für die Augen können Sie auch orangefarbene Moosgummikugeln verwenden. Anstelle von Kresse kann der lustige Frosch natürlich auch kleine Knabbereien auf seinem Kopf tragen.*

Material

- *1 Glockentontopf, Ø 17 cm*
- *1 Tontopfuntersetzer, Ø 13 cm*
- *2 Holzkugeln, Ø 30 mm, mit einer Bohrung*
- *Marabu-Decormatt Bastelfarbe in Hellgrün, Orange, Pink, Schwarz, Mittelgelb*
- *Marabu-Tontopflack*
- *Moosgummi in Hellgrün, 1 mm stark, in Gelb, 2 mm stark*
- *Pinsel*
- *2 Reißnägel mit schwarzem Kopf*
- *Kleine, spitze Schere*
- *Holzfeile*
- *Lochzange*
- *Kraftkleber*

Vorlage 6

Gartenzwerg Gustav

1. Das Gesicht von der Vorlage mit Bleistift auf Transparentpapier pausen, das Motiv ausschneiden und die Linien mit Bleistift auf den großen Rosentopf übertragen. Das Gesicht hautfarben ausmalen und trocknen lassen.

2. Anschließend die übrige Fläche des großen Rosentopfes blau, den schmalen Rand grün bemalen. Die Töpfchen für die Arme und die Mützen in den Farben Blau, Rot und Grün bemalen und trocknen lassen. Die Holzkugeln auf Pinselstiele stecken und mit Rot bemalen. Erneut trocknen lassen. Töpfe und Kugeln zum Schutz vor Feuchtigkeit mit dem Tontopflack überziehen.

3. Den Schaschlikspieß auf die Länge des Bodendurchmessers des großen Rosentopfes kürzen und die Kordel mittig daran binden. Aus Töpfchen und Holzkugeln dann die Arme herstellen, wie es im Grundkurs beschrieben wird. Zum Schluss die Kordel unter den Holzkugeln fest verknoten.

4. Das Islandmoos vorsichtig auf den grünen Rand des kleineren, rot bemalten Rosentopfes aufkleben. Dann den kleinen roten Tontopf als Spitze auf den Hut setzen. Zum Schluss den Hut auf die Gartenzwerg-Figur kleben.

5. Die Moosgummikugeln für die Nase und die Zipfelmütze mit Montagekleber anbringen; dabei die Kugeln vor dem Aufkleben mit einem Cutter begradigen, damit eine ebene Klebefläche entsteht und diese Modellbestandteile besser auf den jeweiligen Untergründen halten. Dann die Augen-Halbperlen mit etwas Klebstoff dicht über der Nase fixieren.

6. Mehrere Fäden Paketkordel zusammennehmen und mit einem weiteren Stück Kordel in der Mitte straff abbinden. Das Bündel dann als Bart auf das Gartenzwerg-Gesicht kleben. Zum Schluss nach Wunsch den Hut noch mit einem Mini-Marienkäfer oder einem anderen passenden Holzstreuteil verzieren.

Material

- *Je 1 Rosentopf, Ø 11,5 cm und Ø 8 cm*
- *1 Tontopf, Ø 4,7 cm*
- *4 Tontöpfe, Ø 3,5 cm*
- *2 Holzkugeln, Ø 30 mm, mit durchgehender Bohrung*
- *2 Moosgummikugeln, in Hautfarbe Ø 30 mm und in Blau Ø 20 mm*
- *2 Halbperlen in Schwarz, Ø 5 mm*
- *Ggf. Marienkäfer-Streuteil*
- *Islandmoos in Dunkelgrün*
- *Marabu-Decormatt Bastelfarbe in Hautfarbe, Azurblau, Scharlachrot, Hellgrün*
- *Marabu-Tontopflack*
- *Montagekleber*
- *Transparentpapier, dünne Paketkordel*
- *Buntkordel, Schaschlikspieß*
- *Bleistift HB, Pinsel, Schere*

Vorlage 7

Die Königin der Elfen

1. Bemalen Sie die beiden Rosentöpfe flächig mit Pink, die Flächen der kleinen Töpfe mit Zartrosa und die Ränder mit Pink. Den Tontopf bemalen Sie hautfarben und lassen alles anschließend gut durchtrocknen.

2. Malen Sie dann mit der Zahnstocherspitze, die Sie in schwarze Farbe getaucht haben, auf den hautfarbenen Topf Augen, Nasenlöcher und Mundlinie. Für die Bäckchen tauchen Sie ein Wattestäbchen in Pink und malen Kreise an die Enden der Mundlinie.

3. Knoten Sie für die Arme ein etwa 45 cm langes Band an den Schaschlikspieß, den Sie auf die Länge des Durchmessers des Topfbodens gekürzt haben.

4. Stellen Sie das Hölzchen im Topfrumpf quer und ziehen Sie die Bänder durch das Bodenloch nach außen. Fädeln Sie nun für die Arme das erste Töpfchen auf und sichern Sie es mit einer Holzperle. Dann das zweite Töpfchen und darunter vier gelbe Holzperlen auffädeln.

5. Fädeln Sie die ovale Perle auf und verknoten Sie das Band. Kleben Sie dann die beiden Rosentöpfe Rand auf Rand aufeinander.

6. Stellen Sie von den Vorlagen für Blumen und Flügel eine Schablone aus Tonkarton her. Fahren Sie mit dem Bleistift die Konturen der Blumen auf rosafarbenem, die der Flügel auf gelbem Moosgummi nach und schneiden Sie die Motivteile aus. Benutzen Sie für die Flügel die Zickzackschere. Kleben Sie die große Blume als Halskrause auf den Topfboden, die kleinen Blumen als Knöpfe auf den Körper.

7. Stanzen Sie mit der Lochzange gelbe Moosgummipunkte aus und kleben Sie sie auf die Blumen. Die Flügel fixieren Sie mit einem Klebekissen von hinten am Topf. Schlagen Sie den Tontopf zum Schluss mit Folie aus (oder lackieren Sie ihn von innen) und bepflanzen oder dekorieren Sie ihn nach Wunsch. Möchten Sie Ihre Elfenfigur wetterfest machen, lackieren Sie sie zum Schutz komplett mit dem Tontopflack.

Material

- *2 Rosentöpfe, Ø 9,7 cm*
- *4 Tontöpfe, Ø 3,5 cm*
- *1 Tontopf, Ø 7 cm*
- *Marabu-Decormatt Bastelfarbe in Pink, Zartrosa, Hautfarbe*
- *Marabu-Tontopflack*
- *Geschenkband in Hellgrün, 3 mm breit*
- *10 gelbe Holzperlen, Ø 12 mm*
- *2 ovale Holzperlen, ca. 22 mm lang*
- *Moosgummi, in Rosa 1 mm und in Gelb 2 mm stark*
- *Schaschlikspieß, Pinsel*
- *Kleine, spitze Schere, Lochzange*
- *Zickzack-Konturenschere*
- *Klebekissen, Kraftkleber*

Vorlage 8

Lustige Kräuterköpfchen

1. Stecken Sie die kleinen Holzeier auf Schaschlikspieße, bemalen Sie sie rot und lassen Sie alles gut trocknen. Kleben Sie sie dann als Nasen auf die mittelgroßen Tontöpfe.

2. Tupfen Sie mit der Spitze des Schaschlikspießes je zwei winzige Kleckse Klebstoff für die Augen auf und drücken Sie die schwarzen Perlchen darauf.

3. Schneiden Sie vom Schaschlikspieß zwei Stücke, deren Länge dem Bodendurchmesser der großen Tontöpfe entspricht, ab. Knoten Sie dann für jede Figur vier ca. 60 cm lange Bastfäden daran fest.

4. Drücken Sie die Hölzchen durch das Bodenloch und stellen Sie sie im Topfrumpf quer. Die Bastfäden führen Sie durch das Bodenloch nach außen.

5. Fädeln Sie dann nacheinander die kleinsten Töpfchen und die Holzkugeln auf den Bast und sichern Sie alles mit mehreren Knoten.

6. Kleben Sie nun die Styroporkugel mit Montagekleber in den unteren Topf. Setzen Sie den zweiten Topf umgekehrt auf die am Rand mit Klebstoff bestrichene Kugel und den unteren Topfrand, den Sie ebenfalls sparsam mit Klebstoff bestrichen haben. Anschließend fixieren Sie den Kopf mit Klebekissen auf der Figur.

7. Schneiden Sie aus Wellpappe und Tonpapier vier Rechtecke für die beiden Schilder zu, kleben Sie sie aufeinander und beschriften Sie sie mit Filzstift. Stanzen Sie dann mit der Lochzange rechts und links Löcher in die oberen Ränder ein.

8. Ziehen Sie je einen Bastfaden durch die Stanzlöcher und hängen Sie die Schilder um die Tontopf-Köpfe. Stellen Sie dann aus Bast die Schleifen her und kleben Sie diese auf Schild oder Tontopf. Zum Schluss setzen Sie mit einem winzigen Klecks Klebstoff je einen Marienkäfer auf die Schilder.

Material

- *2 Tontöpfe, Ø 9 cm*
- *4 Tontöpfe, Ø 11 cm*
- *8 Tontöpfe, Ø 3,5 cm*
- *4 Holzkugeln, Ø 30 mm*
- *2 Styroporkugeln, Ø 10 cm*
- *Naturbast in Gelb und Orange*
- *Schaschlikspieße*
- *2 Marienkäfer-Streuteile*
- *Marabu-Decormatt Bastelfarbe in Scharlachrot*
- *2 kleine Holzeier, 20 mm lang*
- *4 kleine Holzperlen in Schwarz*
- *Wellpappe in Rot und Grün*
- *Tonpapier in Gelb, schwarzer Filzstift*
- *Lochzange, Schere, Pinsel*
- *Montagekleber, Kraftkleber*

Petersilie
Basilikum

Niedliches Elfenduo

1. Bemalen Sie je zwei Töpfchen mit Orange und Hellgrün und lassen Sie die Farbe gut trocknen. Stecken Sie dann die Holzkugeln auf Pinselstiele und bemalen Sie sie hautfarben.

2. Schneiden Sie zwei Teile, deren Länge dem Durchmesser der Topfböden entspricht, von dem Schaschlikspieß ab. Knoten Sie nun die Bänder für die Arme mittig an die Hölzchen und versenken Sie sie im Inneren der Töpfchen. Ziehen Sie die Bandenden durch die Bodenlöcher nach außen.

3. Fädeln Sie die Holzperlen auf die Bänder und sichern Sie sie mit einem festen Knoten. Drücken Sie die Knoten mit der Scherenspitze in die Perlenlöcher. Kleben Sie nun die Töpfchen aufeinander.

4. Fixieren Sie die rosafarbenen Perlen für die Nasen mit einem Tupfer Klebstoff. Setzen Sie die Augen mit der Spitze des Schaschlikspießes, die Sie in schwarze Farbe getaucht haben, auf.

5. Ziehen Sie für die Kragen von zwei Blüten den Plastikstiel ab und fixieren Sie die Blüten mit Heißkleber auf den Topfböden. Kleben Sie anschließend die Holzkugeln auf die Kragen. In das obere Loch der Perlen kleben Sie als Krönchen eine weitere Blüte. Zum Schluss setzen Sie die Pompons als Knöpfe für das Oberteil auf die Töpfe.

6. Fahren Sie die Vorlage für die Flügel mit Bleistift auf dem Transparentpapier sorgfältig nach. Schneiden Sie anschließend die Flügel aus und setzen Sie sie mit etwas Klebstoff von hinten gegen die Töpfe.

7. Nach dem Trocknen können Sie die Elfen wirkungsvoll in Szene setzen – zum Beispiel auf einem Kressebett, einer dekorativen Landschaft aus grünem oder beigefarbenem Ostergras oder auf flaumigen Federn.

Material

- *4 Tontöpfe, Ø 3,5 cm*
- *2 Holzkugeln, Ø 25 mm, mit durchgehender Bohrung*
- *Marabu-Decormatt Bastelfarbe in Orange, Hellgrün, Hautfarbe, Schwarz*
- *Geschenkband in Hellgrün und Gelb, jeweils 3 mm breit*
- *Schaschlikspieß*
- *4 Holzperlen in Natur, Ø 8 mm*
- *2 Holzperlen in Rosa, Ø 7 mm*
- *4 mittelgroße Kunstblümchen, z. B. Stiefmütterchen*
- *Mini-Pompons in Gelb*
- *Primavera-Transparentpapier extra stark*
- *Kleine, spitze Schere, Pinsel*
- *Kraftkleber, Klebepistole*

Vorlage 9

Impressum

Entwürfe und Realisation: Petra Boniberger
Lektorat: Sabine Fels, Sabine Kurz
Fotos: Hermann Mareth
Styling: Ulrike Harter
Umschlaggestaltung: Dirk Beestermöller
Layout und Produktion: buchkonzept@web.de
Druck und Verarbeitung: J. P. Himmer, Augsburg

ISBN 3-89858-377-5

Herstellerverzeichnis

Farben und Lacke:
Marabuwerke GmbH & Co.
Asperger Straße 4
71732 Tamm

Hobby- und Bastelbedarf:
Rayher Hobby, KnorrPrandell, UHU,
Heyda Werke, Ludwig Bähr,
alle über Hobby- und Bastelfachhandel

Farbauswahl **Marabu-Decormatt**

222 Vanille	020 Zitron	221 Mango	021 Mittelgelb	224 Pfirsich	013 Orange	038 Zinnoberrot hell	031 Scharlachrot
032 Karminrot	043 Rotwein	029 Hautfarbe	231 Wildrose	237 Zartrosa	238 Altrosa	002 Purpurrosa	050 Violett rötl.
051 Violett dkl.	089 Krokus	235 Flieder	291 Arktis	292 Zartblau	095 Azurblau	052 Mittelblau	055 Ultramarinblau dkl.
053 Dunkelblau	260 Taubenblau, hell	059 Bayrischblau	259 Antikblau	099 Türkisblau dkl.	262 Zarttürkis	097 Blaugrün	066 Gelbgrün
276 Schilf	065 Olivgrün	075 Tannengrün	277 Mistel	266 Antikgrün	247 Beige	245 Milchkaffee	028 Gelbocker
040 Mittelbraun	045 Dunkelbraun	278 Hellgrau	271 Elfenbein	070 Weiß	073 Schwarz		
733 Metallic-Rosa	750 Metallic-Violett	752 Metallic-Blau	767 Metallic-Grün	772 Metallic-Anthrazit	782 Metallic-Silber	784 Metallic-Gold	787 Metallic-Kupfer